AF562448

L^{27} n
20081

Ln 27. 20081.

VIE

DE M. L'ABBÉ VATELOT.

« Seigneur, si tous les ouvriers de votre vigne étaient semblables à celui-ci, vous plaindriez-vous comme vous le faites, que les ouvriers sont en trop petit nombre pour fournir a une moisson aussi abondante ?

MASSILLON, *Éloge de saint Dominique.*

Ln 27 20081

L'UNE DES GLOIRES DU CLERGÉ DE LA MEURTHE.

VIE

DE

M. L'ABBÉ VATELOT,

FONDATEUR

des Religieuses de la Doctrine chrétienne,

PAR M. MACQUIN.

BIBLIOTHÈQUE IMPÉRIALE
IMPR.

Prix : [illegible] centimes, au profit d'une bonne œuvre.

TYPOGRAPHIE DE P. TOUSSAINT, A PONT-A-MOUSSON.

1854.

PRÉFACE.

« Seigneur, si tous les ouvriers de votre vigne étaient semblables à celui-ci, vous plaindriez-vous comme vous le faites, que les ouvriers sont en trop petit nombre pour fournir à une moisson si abondante ?

MASSILLON, *Éloge de saint Dominique.*

Je voudrais élever un monument au modeste abbé VATELOT, mais les matériaux sont rares, les ciseaux émoussés, les mains inexercées ; avec tant de défauts il est impossible de compléter mon œuvre : je n'y renoncerai cependant point ; j'édifierai avec le peu que j'ai à ma disposition ; qui sait si plus tard de nouveaux documents ne s'offriront pas à la vigilance d'un ouvrier plus habile, qui pourra compléter ce que je n'aurai qu'ébauché ?

Il est regrettable que quelques-uns de ceux qui connurent le vertueux fondateur des Religieuses de la Doctrine Chrétienne, n'aient pas écrit sa vie ; cette institution valait la peine que l'on transmît la mémoire du fondateur à toutes ses filles en Jésus-Christ. Quels services n'a-t-il pas rendus à la société en les réunissant en communauté ? elles instruisent les villes et les campagnes, non seulement de bouche, mais d'exemple : en les voyant ne dirait-on pas la société des premiers fidèles, que les *Actes des Apôtres* nous peignent ainsi :

« La multitude des croyants ne formait qu'un cœur et qu'une âme : aucun d'eux n'appelait mien ce qu'il possédait, mais tout était commun entre eux. » Act. IV, 32.

Le monde, stupéfait d'un pareil spectacle, s'en alarmait; et la raison, destituée de la foi, ne pouvant atteindre à cette hauteur, et ne connaissant d'autre mobile des actions humaines que l'intérêt, se virent contraints d'imputer aux chrétiens des crimes secrets, pour s'expliquer leurs vertus publiques. Ce fut en partie pour repousser ces indignes accusations et pour indiquer aux païens la source des vertus qu'ils calomniaient, que Tertullien publia son admirable *Apologétique*.

« J'en atteste, disait-il, vos propres actes, vous qui présidez tous les jours au jugement des crimes : ce voleur, cet assassin, ce sacrilége, ce séducteur, est-il inscrit comme chrétien sur vos registres ? Ou lorsque les chrétiens comparaissent en cette qualité devant vous, qui d'entre eux est trouvé coupable de vos délits ? C'est des vôtres que regorgent les prisons, les mines ; c'est des vôtres que s'engraissent les bêtes, c'est parmi les vôtres que les entrepreneurs de massacres recrutent incessamment ces troupeaux de criminels destinés à vos jeux. Là nul chrétien, où il n'est que chrétien, s'il est chargé d'un autre crime, dès lors il n'est pas chrétien.

» Nous seuls donc sommes innocents. Pourquoi s'en étonner, si c'est de l'être, car c'est pour nous une nécessité. Instruits de Dieu, nous connaissons parfaitement la vertu qu'un maître parfait nous révèle, et nous la pratiquons fidèlement, par l'ordre et sous les regards d'un formidable juge. Pour vous, elle vous est enseignée par l'homme, commandée par l'homme. Vous ne pouvez donc ni la connaître comme nous, ni la pratiquer comme nous ; tout vous manque, et la plénitnde de la vérité et la redoutable sanction du devoir. Qu'est-ce que la sagesse de l'homme pour montrer ce qui est vraiment bon ? Qu'est-ce que son autorité, pour l'ordonner ? L'une s'abuse aussi aisément que l'on méprise aisément l'autre.

» Et, en effet, quel est le précepte le plus complet, ou celui qui dit : tu ne tueras point ; ou celui qui défend jusqu'à la colère ? Lequel est le plus parfait d'interdire l'adultère, ou la simple concupiscence des yeux? Les actions ou jusqu'aux paroles malfaisantes? De défendre l'injure, ou de défendre même de la repousser? Et encore, sachez que ce qui paraît tendre à la vertu dans vos lois, elles l'ont emprunté dans la loi plus ancienne, de la loi divine. »

» Toutefois, qu'est-ce au fond que l'autorité des lois humaines, que l'homme élude en cachant son crime, et qu'il brave volontairement ou par nécessité? Considérez en outre la brièveté du supplice, que la mort termine, quel qu'il soit.... pour nous, qui devons être jugés par un Dieu qui voit tout, et qui savons que ses punitions sont éternelles, nous embrassons seuls la vertu, et parce que nous la connaissons parfaitement, et parce qu'il n'est point d'ombres assez épaisses pour cacher le crime, et à cause de la grandeur du supplice, non pas seulement long, mais éternel. Nous craignons le juge souverain; que doit craindre celui qui juge des hommes qui le craignent; nous craignons Dieu, et non le proconsul. »

Si la philosophie connaît des motifs plus réprimants, qu'elle les indique. Si elle n'en connaît pas, qu'elle se retire, et laisse la religion régner en paix sur la société, où elle seule établit et maintient l'ordre. Quoi que l'orgueil se persuade, la main de l'homme est trop faible pour porter le sceptre du monde. Jamais, à la voix de la raison et sous l'empire des lois humaines, on ne vit naître des vertus semblables à celles dont Tertullien nous trace le tableau :

« Nous faisons le bien sans acception des personnes, parce que nous le faisons pour nous-mêmes, attendant notre récompense, non des hommes, dont nous dédaignons la gratitude et les louanges, mais de Dieu, qui nous fait un devoir de cet amour universel. Tout acte, toute parole nuisibles à autrui, le désir, la simple pensée du mal nous sont également interdits. Qui pourrions-nous haïr s'il nous est ordonné d'aimer nos ennemis mêmes ? s'il nous est défendu de nous venger de ceux qui nous offensent, afin de ne pas nous rendre aussi coupables qu'eux ; qui pourrions-nous offenser ? vous-mêmes soyez-en juges : combien de fois sévissez-vous contre les chrétiens, ou de votre propre mouvement ou pour obéir aux lois ! Combien de fois, sans attendre vos ordres et sans autre droit que sa rage, une populace ennemie nous accable de pierres et incendie nos maisons ! Dans la fureur des bacchanales on n'épargne pas même les morts : arrachés du sépulcre où ils reposent, de cet asile sacré de la mort, déjà méconnaissables, déjà mutilés, on outrage, on déchire leurs cadavres, on en disperse les débris. Nous vit-on jamais user de représailles contre cette haine forcenée qui nous poursuit au-delà du trépas? Une seule nuit et quelques flambeaux suffiraient pour en tirer une ample vengeance : mais à Dieu ne plaise qu'une religion divine ait recours pour se venger à des moyens humains, ou qu'elle s'afflige d'être éprouvée par les souffrances.

» Indifférents à la gloire et aux honneurs, vos assemblées publiques n'ont pour nous aucun attrait, nous renonçons à vos spectacles à cause de leur origine superstitieuse, nous n'avons rien de commun avec les extravagances du cirque, les obscénités du théâtre, les barbaries de l'arène, la frivolité des gymnases ; nous ne formons qu'un corps, uni par les liens d'une même foi, d'une même discipline, d'une même espérance : nous nous assemblons en quelque sorte pour assiéger Dieu de nos prières, cette violence lui est agréable. Nous prions pour les empereurs, pour leurs ministres, pour toutes les puissances, pour l'état présent de ce monde, pour la paix, pour le retardement de la fin de l'univers. Nous nous réunissons pour lire les Écritures, où nous puisons, selon les circonstances, les lumières et les avertissements dont nous avons besoin. Cette divine parole nourrit notre foi, relève notre espérance, affermit notre confiance, resserre le nœud de la discipline en inculquant le précepte.... Des vieillards président, ils parviennent à cet honneur non par argent, mais par le témoignage qu'on rend à leurs vertus éprouvées. L'argent n'influe en rien dans les choses de Dieu ; s'il se trouve parmi nous une espèce de trésor, sa source est pure, et nous n'avons point à rougir d'avoir vendu la religion. Chacun fournit une somme modique tous les mois, ou quand il veut, et s'il le veut, et s'il le peut ; on n'y oblige personne, les offrandes sont volontaires, c'est comme le dépôt de la piété : on ne le dissipe point en festins, en débauches, mais on l'emploie à soulager et à inhumer les indigents, à nourrir les pauvres orphelins, les domestiques cassés de vieillesse, les malheureux qui ont fait naufrage, et s'il y a des chrétiens condamnés aux mines, détenus dans les prisons ou relégués dans les îles uniquement pour la cause de Dieu, la religion dilate ses entrailles de mère en faveur de ceux qui l'ont confessée.

» Il se rencontre néanmoins des gens qui nous reprochent ces œuvres d'amour. Voyez, disent-ils, *comme ils s'aiment,* car pour nos ennemis ils se haïssent tous : *voyez comme ils sont prêts à mourir les uns pour les autres* ; pour eux, ils sont plutôt prêts à s'entre-égorger. Quant au nom de frères que nous nous donnons, ils ne le décrient, je pense, que parce que, chez eux, tous les noms de parenté ne sont que des expressions menteuses d'attachement. Nous sommes aussi vos frères par le droit de la nature, la mère commune de tous les hommes; mais à peine êtes-vous des hommes, parce que vous êtes de mauvais frères. Combien ceux-là sont-ils plus véritablement frères et plus dignes de ce nom, qui reconnaissent pour père le même Dieu, qui se sont abreuvés du même esprit de sainteté, qui, sortis du sein de la même ignorance, ont contemplé, ravis et tremblants, la lumière de la même vérité! Mais peut-être tient-on notre unique fraternité pour illégitime, parce qu'on n'en fait point retentir la scène, ou parce que nous vivons en frères des mêmes biens qui, chez vous, divisent tous les jours les frères. Lorsque les sentiments et les cœurs se confondent, comment les biens seraient-ils séparés? Tout est commun entre nous, hormis nos femmes. La seule chose que nous nous réservions en propre est la seule que les autres hommes mettent en commun, ils font entre eux comme un échange des droits que leur donne le mariage; à l'exemple sans doute de leurs sages, d'un Socrate parmi les Grecs, d'un Caton parmi les Romains, qui abandonnaient à leurs amis les femmes qu'ils avaient épousées, pour en avoir des enfants dont ils ne seraient point les pères. Était-ce malgré elles, je ne sais. Quel souci de la chasteté pouvaient avoir des épouses que leurs époux cédaient si facilement?

O merveilleux exemple de la sagesse attique, de la gravité romaine; un philosophe et un censeur ministres de prostitution! »

L'abbé Félicité de Lammenais ajoute : « En peignant les vertus chrétiennes, si sublimes et si humbles, si pures et si touchantes, Tertullien sans cesse en appelle au témoignage des païens. Il les provoque avec hardiesse, il les somme de le démentir, s'il avance rien qui ne soit publiquement avéré; de nos jours même, la philosophie n'osant contester une vérité de fait que l'histoire entière atteste, a essayé de s'en servir pour expliquer naturellement la rapide propagation de l'Evangile, afin de ne pas avouer que le Christianisme a été divinement établi, elle s'est vue forcée de reconnaître qu'il enfanta des vertus divines.

» Pendant trente siècles, l'homme, témoin des misères attachées à la condition humaine, n'avait pas même songé à venir au secours de ses frères souffrants. On ne trouve pas, chez les anciens, l'ombre d'une institution en faveur des infortunés; la philosophie ni le paganisme ne séchèrent jamais une seule larme. Quoique la pitié soit dans la nature, et peut être par ce qu'elle est dans la nature, le raisonnement en éloigne. Senèque l'appelle *le vice d'une âme faible. Ne te tourmente point pour ceux qui pleurent* : c'est un des préceptes de Marc-Aurèle, et la doctrine commune des stoïciens. Le sage, dit Virgile, *ne compatit point à l'indigence: Neque ille, aut doluit miserans inopem, aut invidit habenti.* Qu'il y a loin de ce froid égoïsme à la charité chrétienne! Eh quoi! l'homme est-il donc si sensible aux douleurs d'autrui qu'il faille l'y endurcir, en trempant son âme dans des doctrines barbares? Au contraire, le plus grand miracle du christianisme est de l'attendrir sur des maux qui ne sont pas les siens, et celui-là, du moins, on ne le niera pas, car il frappe tous les yeux, s'il n'émeut tous les cœurs. Venez, suivez les pas de la religion d'amour, comptez, s'il est possible, les bienfaits qu'elle répand à pleines mains sur les hommes, les œuvres de miséricorde qu'elle inspire et qu'elle seule peut récompenser. Dans une peste qui ravagea, au troisième siècle, une partie de l'empire, les païens délaissant leurs amis et leurs proches, ne songèrent qu'à se mettre, par la fuite, à l'abri de la contagion. Les chrétiens, alors si cruellement persécutés, prirent soin de tous les malades, fidèles et idolâtres, et se vengèrent de leurs ennemis comme se vengent des chrétiens, en s'immolant pour eux. Combien l'histoire de l'Église n'offre-t-elle point d'exemples semblables? Les disciples de Jésus-Christ fatiguaient de bienfaits leurs détracteurs. « N'est-il pas honteux pour nous, écrivait l'empereur Julien à Arsace, pontife d'Asie, que les Galiléens, outre leurs pauvres, nourrissent encore les nôtres? »

Puisque dans ce petit livre il ne sera question que de prêtres et de fondations religieuses, il est bon, en finissant cette préface, de signaler quelques-uns des services que ces deux états ont rendus à la société : pour cela j'emprunterai le récit de l'auteur que je viens de citer. Il poursuit ainsi :

« Le Christianisme ne dégénéra point en vieillissant : ses annales ne sont pleines que des services de tous genres qu'il a rendus d'âge en âge à l'humanité. Le même esprit d'amour qui enfanta tant de prodiges dans les premiers temps, en enfante chaque jour de semblables parmi nous. Qui ne se rappelle avec une émotion profonde ces religieuses espagnoles parcourant les rues d'une ville pestiférée (Malaga), en sonnant une petite cloche, afin d'avertir de leur passage pour que chacun pût réclamer leurs secours généreux? Presque toutes moururent martyres de leur dévouement.

» Mais laissons les traits particuliers, dont on remplirait des volumes sans nombre : ne rappelons ni les Borromée, ni les Belzunce, ni ce Vincent-de-Paul qui, dans des temps de calamité nourrissait des provinces entières, dont l'immense charité s'étendait au-delà des mers, jusqu'aux rivages de Madagascar et dans les forêts de la Nouvelle-France, et qui semblait s'être chargé de soulager à lui seul toutes les misères humaines : homme prodigieux qui a forcé notre siècle à croire à la vertu ; ne considérons que les établissements durables, les bienfaits généraux et permanents de la religion. Ces asiles solitaires de l'innocence et du repentir, que les peuples apprennent de plus en plus à regretter ; ces paisibles retraites du malheur, ces superbes palais de l'indigence, qui les éleva, si ce n'est elle ? Maîtresse un moment, la philosophie n'a su que les détruire, la raison humaine n'a fait grâce à rien de ce qu'avait créé la foi en faveur de l'humanité. Et avec quelle profusion le Christianisme n'avait-il pas multiplié ces touchantes institutions, si éminemment sociales ! Leur nombre presque infini égalait celui de nos misères : ici la fille de Vincent-de-Paul visitait le vieillard infirme, pansait ses plaies dégoûtantes, en lui parlant du ciel, ou, par une attendrissante charité, devenue mère sans cesser d'être vierge, réchauffait dans son sein l'enfant abandonné. Plus loin la sœur hospitalière assistait, consolait le malade, et s'oubliait elle-même pour lui prodiguer, le jour et la nuit, les soins les plus rebutants. Là, le religieux du Saint-Bernard, établissant sa demeure au milieu des neiges, abrégeait sa vie pour sauver celle du voyageur égaré dans la montagne. Ailleurs vous eussiez vu le frère du *bien mourir* près du lit de l'agonisant, occupé de lui adoucir le dernier passage, ou le *frère enterreur* inhumant sa dépouille mortelle. A côté de ces preux chevaliers, de ces *soldats priants*, qui, presque seuls, protégèrent longtemps l'Europe contre la barbarie musulmane, on aperçoit le père *de la Merci*, entouré comme un triomphateur, des captifs qu'il avait, non pas enchaînés, mais délivrés de leurs chaînes, en s'exposant à mille dangers et à des fatigues incroyables. Des prêtres, des religieux de tous les ordres, brisant, par une vertu surhumaine, les liens les plus chers, s'en allaient, avec une grande joie, arroser de leur sang des contrées lointaines et sauvages, sans autre espoir, sans autre désir, que d'arracher à l'ignorance, au crime et au malheur, des hommes qui leur étaient inconnus. Après avoir fécondé de ses sueurs nos collines incultes, nos landes stériles, le laborieux bénédictin, retiré dans sa cellule, défrichait le champ non moins aride de notre ancienne histoire, de nos anciennes lois; l'éducation, la chaire, les missions, aucune œuvre utile n'était étrangère au jésuite, son zèle embrassait tout et suffisait à tout; l'humble capucin parcourait incessamment les campagnes pour aider les pasteurs dans leurs saintes fonctions, descendait au fond des cachots pour y porter des paroles de paix aux victimes de la justice humaine, et semblable à l'espérance dont il était le ministre, accompagnait jusqu'à la fin le malheureux qui allait mourir, il partageait ses angoisses, ranimait son courage défaillant et le fortifiait également contre les terreurs des supplices et contre celles du remords, ses mains compatissantes ne se détachaient pour ainsi dire de l'infortuné qu'elles avaient reçu au pied du tribunal inflexible de l'homme, qu'après l'avoir déposé au pied du tribunal du Dieu clément.

» Mais voulez-vous arrêter vos regards, attristés de cette scène douloureuse, sur un spectacle aussi doux qu'aimable : contemplez les frères des écoles chrétiennes enseignant à l'enfance les éléments des lettres, la doctrine des sciences et la doctrine plus précieuse des devoirs, lui parlant de Dieu avec onction et la formant au bonheur en la formant à la vertu. Ne l'oublions jamais, la religion est l'unique éducation du peuple, sans la religion, il ne saurait rien, rien surtout de ce qu'il importe le plus à la société qu'il sache, et à lui de savoir. Il ignorerait également et les devoirs de l'homme et sa destinée ; il végéterait au milieu des académies, des universités, des gymnases, dans un féroce abrutissement, cent fois pire que l'état sauvage. La religion civilise ; elle nourrit le pauvre de vérité, comme elle le nourrit de pain ; elle éclaire, elle agrandit son intelligence, et le dernier des petits enfants instruits à son école, plus véritablement philosophe qu'aucun des prétendus sages qui ne reconnaissent d'autre guide que leur raison, confonderait, le catéchisme à la main, cette raison altière, par la sublimité de ses enseignements : il était digne d'une philosophie matérialiste de croire perfectionner l'éducation du peuple, en substituant des évolutions à des instructions, et en mettant entre ses mains une pierre muette, en place du livre où il puisait ces hautes et importantes leçons.

» Je ne finirais point, si j'essayais de rappeler, même sommairement, tous les services rendus à la société par le clergé catholique. Ce fut certes une bien belle pensée que de placer, à côté des inexorables ministres des lois, des ministres des mœurs et de l'humanité ; que de faire de la miséricorde une fonction publique : pénétrez dans le sein des familles, interrogez-en les membres, ils vous diront ce qu'ils doivent à cette admirable institution : combien d'inimitiés apaisées, combien d'époux, de parents, de concitoyens réconciliés, de victimes arrachées au vice, de torts réparés, d'iniquités prévenues, de peines consolées, de récentes misères adoucies ! Savez-vous ce que c'est qu'un prêtre, vous que ce nom seul irrite ou fait sourire de mépris ? Un prêtre est, par devoir, l'ami, la providence secrète de tous les malheureux, le consolateur des affligés, le défenseur de quiconque est privé de défense, l'appui de la veuve, le père de l'orphelin, le réparateur de tous les désordres et de tous les maux qu'engendrent vos passions et vos funestes doctrines. Sa vie entière n'est qu'un long et héroïque dévouement au bonheur de ses semblables ; qui de vous consentirait à échanger, comme lui, les joies domestiques, toutes les jouissances, tous les biens que les hommes recherchent si avidement, contre des travaux obscurs, des devoirs pénibles, des fonctions dont l'exercice brise le cœur et rebute les sens, pour ne recueillir souvent d'autres fruits de tant de sacrifices que le dédain, l'ingratitude et l'insulte ? Vous êtes encore plongé dans un profond sommeil, et déjà l'homme de charité, devançant l'aurore, a recommencé le cours de ses bienfaisantes œuvres, il a soulagé le pauvre, visité le malade, essuyé les pleurs de l'infortune, ou fait couler ceux du repentir, instruit l'ignorant, fortifié le faible, affermi dans la vertu des âmes troublées par les orages des passions. Après une journée toute de bienfaits, le soir arrive, mais non le repos. A l'heure où le plaisir vous appelle aux spectacles, aux fêtes, on accourt en grande hâte près du ministre sacré, un chrétien touche à ses derniers moments ; il va mourir, et peut-être d'une maladie contagieuse : n'importe ; le bon pasteur ne laissera point expirer sa brebis sans adoucir ses angoisses, sans l'environner des consolations de l'espérance et de la foi, sans prier à ses côtés le Dieu qui mourut pour elle, et qui lui donne, à cet instant même dans le sacrement d'amour, un gage certain d'immortalité.

» Voilà le prêtre, le voilà, non tel qu'en en jugeant sur quelques exceptions scandaleuses, votre aversion se plaît à se le figurer; mais tel que réellement il existe au milieu de nous. Oui, la religion est aujourd'hui ce qu'elle fut à son origine, il y a moins de chrétiens, mais les chrétiens ne sont pas changés. Les plus pures vertus, des vertus dignes des premiers siècles, honorent encore le Christianisme. Je n'en voudrais pour preuve que ces pieuses associations, ces utiles établissements qu'un zèle aussi vif qu'éclairé forme tous les jours sous nos yeux. Que d'hommes et de femmes de toutes les conditions, que de jeunes gens même, se dérobent à tous les regards pour faire le bien, selon le précepte de l'Évangile, consacrent à chercher le malheur et à le soulager, le temps que vous perdez dans de frivoles amusements ou que vous employez peut-être à insulter la religion sainte qui leur inspire ce merveilleux dévouement ? Vous ne les connaissez pas, je le sais, mais on les connaît dans les hôpitaux, dans les prisons, dans les réduits obscurs où l'indigence qu'ils ont secourue les bénit. La dame de charité n'a pas oublié le chemin qui conduit à la demeure du pauvre, et si vous ne l'y rencontrez jamais, c'est à vous que nous en demandons la raison. »

Puisse, ce que vous venez de voir, vous engager à lire avec plaisir les quelques lignes que nous allons écrire touchant le pieux prêtre lorrain qui, pénétré de douleur en voyant l'ignorance où croupissait l'enfance et la jeunesse de son temps, se sacrifia tout entier pour lui procurer l'instruction, en fondant cette admirable congrégation des Sœurs de la Doctrine Chrétienne, que nous voyons actuellement si florissante et dont les services sont incalculables.

VIE DE L'ABBÉ VATELOT.

CHAPITRE Ier.

Sa naissance, son entrée au séminaire et son ordination.

Le pieux VATELOT naquit à une lieue de la ville de Toul, en Lorraine, au village de Bruley, son nom y est presque oublié. En effet, si vous vous transportiez daus cette paroisse et que vous demandiez : n'est-ce pas ici que naquit il y a environ cent cinquante ans un prêtre du nom de Vatelot? les trois quarts et demi de la localité vous répondraient nous n'en savons rien, nous ignorons complétement ce personnage dont vous parlez. Et cependant il a fait d'assez grandes choses pour que sa mémoire n'y pérît point. Mais que veulez-vous, l'abbé Vatelot a passé ignoré, comme il le désirait sans doute; il n'a laissé d'autre monument que cette belle œuvre dont Bruley possède quelques parcelles, nous voulons dire les Religieuses de la Doctrine Chrétienne (*), et c'est bien assez pour immortaliser un homme.

Ce fut dans la dernière moitié du XVIIe siècle

(*) Les Sœurs qui instruisent les jeunes filles de Bruley habitent la maison même de l'abbé Vatelot.

que l'abbé Vatelot vint au monde ; ses parents étaient assez aisés, à ce qu'il paraît, puisqu'il recueillit un patrimoine dont il profita pour l'établissement des Sœurs de la Doctrine Chrétienne.

Quel noble emploi de sa fortune ! malgré qu'on en ait de temps à autre le ravissant spectacle, il serait à désirer qu'il se renouvelât plus fréquemment encore (*).

Dieu qui voulait attacher à son ministère le jeune Vatelot lui en inspira de bonne heure le désir et le combla de ses bénédictions. Nous ne savons à quel âge il entra au séminaire, ni une foule d'autres faits que nous serions heureux de mentionner, mais le vertueux prêtre qui aurait pu dans la suite briller d'un grand éclat, ne cherchait qu'à vivre dans l'obscurité.

C'est une belle vocation que celle de la prêtrise quand elle est divine, mais elle ne l'est pas toujours. Que de motifs humains entrent trop souvent dans ceux qui embrassent cette carrière ! de là les abus dont on ne peut pas trop gémir. Il n'en fut pas ainsi du prêtre dont je relate l'histoire : sa vocation était divine ; les

(*) Cette conduite déplaira peut-être à quelques avares, je n'y puis que faire. Mais je suis bien aise de leur rappeler en passant cette belle sentence du grand apôtre : *l'avarice*, dit-il, *est la racine de tous les maux.* — S. PAUL, *épître à Thimothée*, v. 10.

actes qu'il accomplit durant son ministère en sont un indubitable témoignage. La vie sacerdotale est une vie d'action et de dévouement, aussi fut-il actif et dévoué : on peut dire que le zèle pour la maison du Seigneur le dévorait.

Le jeune Vatelot quitta ses concitoyens de Bruley pour entrer au séminaire diocésain de Toul, dans l'intention de se perfectionner dans la science et la vertu. Quel modèle, que ce séminariste! que sa régularité dut être belle! Que son temps fut plein ! c'est ainsi qu'il s'avançait vers le ministère que les anges mêmes ne sont pas dignes d'exercer, tant il est sublime : aussi quand il avait en perspective les obligations inhérentes à cet état, devait-il trembler et ne point s'y précipiter sans réflexions, comme quelques-uns, pleins de vues humaines, pourraient le faire.

Après maintes et maintes dispositions, notre séminariste Toulois fut ordonné prêtre. C'est donc dans l'exercice de ce saint ministère que nous le suivrons désormais.

CHAPITRE II.

Il est nommé vicaire de la Cathédrale de Toul. puis chanoine.

L'abbé Vatelot est donc prêtre. Où l'autorité épiscopale le placera-t-elle ? Il n'est pas bien qu'elle l'éloigne, elle connaît sa capacité, c'est un homme digne d'exercer dans une ville, il fut décidé qu'il serait vicaire à la cathédrale de Toul. O peuple qu'il a évangelisé, où êtes-vous? que ne vous est-il donné de venir raconter combien de soins ce jeune vicaire a pris pour le salut de vos âmes, et quel zèle ardent le brûlait, quel exemple édifiant il vous donnait, comme il réprimait le vice et estimait la vertu, comme il s'appliquait à accomplir les ordres de son divin maître, sans songer à plaire aux hommes !

C'est en vain que l'homme s'agite, disent nos livres saints, c'est Dieu qui le mène. Combien n'en voit-on pas courir après les dignités sans pouvoir les obtenir : *celui qui s'exalte sera humilié et celui qui s'humilie sera exalté*, dit le Sauveur, il en fut ainsi pour l'abbé Vatelot. Ce que nous savons déjà de lui dénote assez qu'il n'était point d'un caractère à briguer les places. Son évêque, qui le connaissait et qui admirait sans doute ses vertus, le fit chanoine de sa cathédrale. Quelque poste qu'il occupât, il se souvint toujours de ses devoirs ; que si sa condition était plus élevée que celle du commun elle était aussi plus dangereuse, il aurait pu se procurer un peu de repos, mais il est probable qu'il travaillait encore au salut des âmes, il en connaissait le prix.

«Sachez, dit Fléchier, où est leur salut, et connaissez quelle est la dignité d'une âme, si vous considérez son origine, elle est sortie de la main de Dieu ; elle a reçu de lui tout ce qu'elle est, il l'a faite, non pas pour être une faible trace de son pouvoir, comme sont les créatures sans raison, mais pour être une vive représentation de sa connaissance et de sa sagesse. Si vous considérez sa nature, c'est une substance invisible, spirituelle et immortelle, qui porte en soi l'image de son créateur, et qui, par le privilége même de son état, après avoir vécu dans le temps qui a des bornes prescrites, doit vivre dans l'éternité qui n'en a point. Si vous regardez sa fin, elle est destinée à glorifier et à adorer Dieu éternellement. Ainsi tout ce qui n'est pas Dieu peut l'aimer, mais Dieu seul est capable de la remplir, et quelque tranquille qu'elle paraisse, elle n'aura jamais de véritable repos, qu'elle ne soit rejoint à un principe. Si vous considérez enfin le prix qui a été donné pour sa rançon, vous trouverez qu'elle est le fruit des souffrances de Jésus-Christ, le prix de son sang, et comme une créature nouvelle du monde nouveau, dont il est le créateur et le rédempteur.

Elle est l'ouvrage de Dieu ; jugez de l'effet par sa cause. Elle est l'image de Dicu ; jugez de ce qu'elle est par ce qu'elle représente. Elle est faite pour aimer Dieu ; jugez de sa dignité par son emploi. Elle est le prix du sang et de la mort d'un Dieu ; jugez de ce qu'elle vaut par ce qu'elle coûte. Rien n'est plus noble et rien pourtant n'est plus négligé que les devoirs à l'égard des âmes. On les réduit par les erreurs, on les empoisonne par la flatterie, on les blesse par les scandales : on les tue, tantôt par de mauvais conseils, tantôt par de mauvais exemples : on les livre à leurs fantaisies : on les entretient dans leur malice : on les abandonne à leur ignorance : on croit être bien charitable quand on a pleuré sur les corps dont l'âme s'est retirée, et l'on ne pleure pas sur une âme qui s'est séparée de Dieu. Le sang et la nature ont plus de pouvoir sur nous que la religion et la foi. La pauvreté et la mort visibles nous émeuvent parce qu'elles frappent nos sens ; les pauvretés et les morts invisibles ne font nulle impression sur nous, parce que nous n'en jugeons pas par les principes de l'Évangile. (*)

CHAPITRE III.

Il est fait promoteur du diocèse.

L'évêque de Toul connaissant toujours mieux l'abbé Vatelot et jugeant ce qu'il pouvait faire, pensa qu'il lui serait utile pour l'administration

(*) *Premières exhortations pour la bourse cléricale.*

diocésaine ; avec une sagesse si rare il ne pouvait pas en être autrement, c'est pourquoi il le choisit pour promoteur; et ici comme pour les autres dignités, nous sommes sans renseignements, mais on peut certainement conjecturer qu'il s'acquitta parfaitement de cette commission et que son supérieur ne fut point déçu dans son espérance, il n'eut qu'à se louer de son choix.

L'abbé Vatelot avait un amour indicible pour l'Église de Dieu ; on le voit par ce qu'il a fait, sa congrégation le prouve, quels services ne rend-elle pas tous les jours, on ne peut se lasser de le repéter.

S'il acceptait ces charges sans les avoir sollicitées, c'était pour le bien de tous ; il avait appris à obéir avant de commander ; il n'ignorait pas que les dignités ecclésiastiques sont des positions très-délicates, que la responsabilité y est immense.

« Ne jetez pas vos amis, dit Bossuet, vos proches, vos propres enfants, vous-mêmes, qui présumez tant de votre capacité, sans qu'elle ait jamais été éprouvée ; ah ! pour Dieu, ne vous jetez pas volontairement dans un péril manifeste. Ne proposez plus à une jeunesse imprudente les dignités de l'Église comme un moyen de piquer son ambition ou comme la juste couronne des études de cinq ou six ans, qui ne sont qu'un faible commencement de leurs exercices. Qu'ils apprennent plutôt à fuir, à trembler, et du moins à travailler pour l'Église, avant de gouverner l'Église ; car voici la règle de saint Paul, règle infaillible, règle invariable, puisque c'est la règle du Saint-Esprit : « Qu'ils soient éprouvés et qu'ils servent, » et encore : « c'est en servant bien dans les places inférieures qu'on peut s'élever à un plus haut rang. » Et cette règle est fondée sur la conduite de Jésus-Christ. Trois ans entiers il tient ses apôtres sous sa discipline ; instruits par sa doctrine, par ses miracles, par l'exemple de sa vie et de sa mort, il ne les envoie pas encore exercer leur ministère, il revient des enfers et sort du tombeau pour leur donner durant quarante jours de nouvelles instructions ; et encore après tant de soin, de peur de les exposer trop tôt, il les envoie se cacher dans Jérusalem : « renfermez-vous, dit-il, ne sortez pas jusqu'à ce que vous soyiez revêtus de la vertu d'en haut. » Il les jette dans une retraite profonde sans laquelle le Saint-Esprit, leur conducteur nécessaire, ne viendra pas. Voilà comme sont formés ceux qui ont appris sous Jésus-Christ.

» Et nous, sans avoir rien fait, nous entreprenons de remplir leurs places. Si l'ordre ecclésiastique est une milice, comme disent les Saints-Pères et tous les Conciles après saint Paul, espère-t-on commander? mais le peut-on sans hasader tout, lorsqu'on n'a jamais obéi, jamais servi sous les autres? Et quel ordre, quel discipline y aura-t-il dans la guerre, si on peut seulement prétendre de s'élever autrement que par les degrés? Ou bien est-ce que la milice ecclésiastique, où il faut combattre tous les vices, toutes les passions, toutes les faiblesses humaines, toutes les mauvaises coutumes, toutes les maximes du monde, tous les artifices des hérétiques, toutes les entreprises des impies, en un mot tous les démons et tout l'enfer, ne demande pas autant de courage, quoique d'une autre manière, que la milice du monde? Quel spectacle, lorsque ceux qui devraient combattre à la tête ne savent par où commencer; qu'un conducteur fait marcher avec peine sa faible machine, et que celui qui devait payer de sa personne paie à peine de mine et de contenance? O malheur! ô désolation! ô ravage inévitable de tout le troupeau! Car ignorez-vous cette juste mais redoutable sentence que Jésus-Christ prononce de sa propre bouche: « si un aveugle conduit un autre aveugle, tous deux tomberont dans le précipice. » Tous deux, tous deux tomberont, et non seulement, dit saint Augustin, l'aveugle qui mène, mais encore l'aveugle qui suit. Ils tomberont l'un sur l'autre; mais certes l'aveugle qui mène tombe d'autant plus dangereusement qu'il entraîne les autres dans sa chute et que Dieu redemandera de sa main le rang de son frère qu'il a perdu. Et pour voir un effet terrible de cette menace, considérez tant de royaumes arrachés du sein de l'Église par l'hérésie de ces derniers siècles. Recherchez les causes de tous ces malheurs : il s'élèvera autour de vous du sein des enfers, comme un cri lamentable des peuples précipités dans l'abîme : ce sont nos indignes pasteurs qui nous ont jetés dans ce lieu de tourments où nous sommes : leur inutilité et leur ignorance nous les a fait mépriser : leur vanité nous les a fait haïr, injustement il est vrai, car il fallait respecter Jésus-Christ en eux, et les promesses faites à l'Église ; mais enfin ils ont donné lieu aux spécieuses déclamations qui nous ont séduits : ces sentinelles endormies ont laissé entrer l'ennemi ; et la foi ancienne s'est anéantie par la négligence de ceux qui en étaient les dépositaires. » (*)

CHAPITRE IV.

Il fonde la congrégation des Religieuses de la Doctrine chrétienne.

De toutes les bonnes œuvres qu'a faites l'abbé Vatelot depuis son ordination, jusqu'au moment où nous sommes, et dont le pays n'a aucune connaissance, celle que nous connaissons est sans contredit son chef-d'œuvre ; elle est trop

(*) *Sermon pour le jour de Pâques.*

célèbre et trop resplendissante pour être ignorée : nous voulons parler des Sœurs de la Doctrine Chrétienne, si dignes d'estime et de vénération.

L'abbé Vatelot est donc leur fondateur, ce prêtre zélé occupant des postes éminents, put s'enquérir des besoins du diocèse ; il remarqua que l'ignorance des personnes du sexe était au comble, cela lui fit mal : voulant mettre un terme à cette pénurie, l'Esprit céleste lui inspira l'idée d'établir les Religieuses de la Doctrine Chrétienne. Cela lui imposa des peines et des sacrifices, mais rien ne lui coûtait quand il s'agissait de la gloire de Dieu et du bien de l'Église : c'est pourquoi il donna ses trois sœurs et son patrimoine pour cette œuvre. Vous voyez qu'au lieu de chercher à s'enrichir il s'appauvrit volontairement. Honneur et gloire soient rendus à sa mémoire, ainsi qu'à celle du vénérable prélat qui l'appuya.

Il y a quelque chose de remarquable dans cette fondation, et cela a été remarqué du célèbre auteur de l'*Histoire universelle de l'Église catholique*. M. l'abbé Rohrbacher s'exprime ainsi : « le bienheureux Pierre Fourrier avait prescrit à ses religieuses, non seulement la vie de communauté, mais la clôture. Saint Vincent-de-Paul prescrit aux Sœurs de Charité, non point la clôture, mais la vie de communauté, il ne permet pas qu'elles aillent jamais seules.

Vatelot, touché de compassion pour les enfants les plus délaissés, plein de confiance en Dieu et dans la vertu de ses filles, ose les placer seules dans des paroisses, même fort éloignées, qui n'avaient pas le moyen d'en entretenir plus d'une, et Dieu a béni jusqu'à nos jours sa juste confiance. Vatelot mourut après l'an 1750. Son successeur au, moment de la révolution française, comme supérieur de la Congrégation de la Doctrine Chrétienne, fut un saint prêtre, Antoine-Gabriel de Manessy, né en 1740, au château de Maixe, près Lunéville, il est mort à Nancy en 1802, en travaillant au rétablissement de sa congrégation avec son pieux ami, Pierre Doré, vénérable jésuite, mort en 1816, à l'âge de 83 ans. (*)

Tous les autres successeurs de l'abbé Vatelot sont dignes d'éloges, principalement celui qui est actuellement, M. l'abbé Mougenot est non seulement remarquable par ses vertus, mais encore par sa science; il est auteur de plusieurs ouvrages qui ont cours dans beaucoup d'écoles : *l'Histoire de la Bible* et *l'Histoire de l'Église*, sont très répandus ; il a aussi composé d'autres petits ouvrages classiques.

L'abbé Vatelot espérait sans doute beaucoup de cette institution à laquelle il travaillait si

(*) *Histoire de l'Eglise.*

ardemment ; mais s'il lui eût été donné de voir tous les services que ces saintes filles rendraient au monde, avec quel plaisir il eût vu tomber toutes les gouttes de sueur qui découlèrent de son front ; il est probable que du haut du ciel il observe ses chères filles et qu'il les protège près de ce Dieu, qui récompense jusqu'à la moindre goutte d'eau donnée en son nom.

Courage donc, chères sœurs, persévérez, s'il m'est permis de vous le dire, persévérez dans la noble tâche que vous vous êtes imposée ! le monde vous admire, vous êtes répandues au loin sur le sol français et africain, montrant le dévouemeut le plus complet, et disant sans cesse du fond de votre cœur, avec le grand apôtre des nations : *la charité me presse ;* elle vous presse, on le voit bien, nul limite ne peut arrêter votre élan.

Jusqu'alors ces chères filles de l'abbé Vatelot ont été privées de la vie de leur vénérable fondateur ; maintenant elles pourront se procurer cette esquisse, chacune pourra en avoir un exemplaire entre les mains pour s'inspirer des vertus de son père en Jésus-Christ. Je regrette qu'une main plus habile ne l'ait pas écrite avant moi, faut-il que j'aie osé l'entreprendre malgré mon incapacité. Agréez ce faible hommage que je vous offre, quoique très-imparfait.

L'abbé Vatelot mourut donc en 1750, laissant

sa congrégation aux soins dela divine Providence, elle n'était pas loin d'être en but à de grandes vicissitudes, la révolution de 93 la força à se dissoudre, mais elle s'est relevée comme un géant de ce cataclysme qui inonda toute la France de l'écume empoisonnée de ses vagues.

BIBLIOTHÈQUE IMPÉRIALE
IMPR.

BIBLIOTHEQUE NATIONALE DE FRANCE
3 7502 00973430 4

www.ingramcontent.com/pod-product-compliance
Lightning Source LLC
LaVergne TN
LVHW020247230826
846091LV00006B/2293
9782012398788